Christa Baumann / Stephen Janetzko

Oskars Rettung
- Mein selbstgestaltetes Bilderbuch vom Frosch

Ein kreatives Selbstmal-Buch zu einer kleinen
Geschichte über Freundschaft und Anderssein
- ergänzend mit passenden Faltanleitungen und fünf Liedern

Christa Baumann / Stephen Janetzko

Oskars Rettung - Mein selbstgestaltetes Bilderbuch vom Frosch

Ein kreatives Selbstmal-Buch zu einer kleinen Geschichte über Freundschaft und Anderssein - ergänzend mit passenden Faltanleitungen und fünf Liedern

Christa Baumann (Text) und Stephen Janetzko (Lieder)

Christa Baumann / Stephen Janetzko

ISBN-10: 3957220890

ISBN-13: 978-3-95722-089-9

Inhaltsverzeichnis

Vorwort

Das ist die Geschichte von Oskar, dem Frosch.
Vielleicht hast du das Buch schon durchgeblättert und dich
gewundert, dass die Seiten leer sind. Nur am unteren Rand ist die
Geschichte abgedruckt.
Ein Bilderbuch ohne Bilder? Ja - bisher hat es noch keine Bilder.
Aber sicher hast du Buntstifte und ein paar Faltblätter. Ein
Erwachsener zeigt dir, wie ein Frosch oder ein Schmetterling
gefaltet werden. Du klebst sie auf und malst die Seiten bunt aus.
Du kannst auch ein Stück Stoff zu einem See, einer Blume oder
einer Sonne zuschneiden und aufkleben.
Oder du streust ein bisschen Glitzer in einen Tupfer Klebstoff.
Du kannst dabei immer entscheiden, ob du ein Tier oder einen
Gegenstand falten und aufkleben oder ob du lieber malen willst.
Die Seiten bleiben so lange leer, bis du sie beklebst und bemalst
und sie zu deinem eigenen Bilderbuch machst. Niemand wird das
gleiche Bilderbuch haben wie du!
Vielleicht magst du es auch verschenken?

Christa Baumann und Stephen Janetzko

Oskars Rettung

Eine Geschichte von Christa Baumann

Gemalt und gebastelt von:

_____

Ich bin heute _____ Jahre.

Oskar war ein kleiner Grasfrosch.
Er lebte in einer Hecke auf einer wunderschönen

Wiese mit vielen Obstbäumen und einem kleinen Tümpel.

Gern spielte er mit seinen Freunden.
Am liebsten sprangen sie zwischen den großen

Grashalmen herum und versteckten sich in ihrer Rosenhecke.

Sein Freund, der Schmetterling, kam oft vorbei und unterhielt sich ein Weilchen mit ihm.

Der Schmetterling kam weit herum.
Oft flatterte er zu den Häusern der Menschen.
Oskar hatte noch nie Häuser und Menschen gesehen.

Der Schmetterling erzählte auch von einem Wald mit vielen
Tannenbäumen.

Oskar sehnte sich danach, diesen Wald einmal zu sehen.

Eines Tages, Oskar schlummerte gerade in seinem Moosbett unter der Rosenhecke, sprang vor ihm etwas Hellbraunes ins Gras. Oskar erschrak und war hellwach.

Ein fremder Frosch mit langen Beinen und einem schmalen Gesicht schaute ihn an.

„Wer bist denn du?", frage er erschrocken.
„Ich bin Max und suche den Weg zu meinem Tümpel!"
„Du siehst aber komisch aus", meinte Oskar. „Du bist hellbraun und deine Beine sind so lang! Bist du noch nie über deine Beine gestolpert? Und kannst du überhaupt tüchtig quaken?"

„O nein", erwiderte Max. „Ich kann nur leise quaken. Und über meine Beine bin ich noch nie gestolpert. Sie sind sehr nützlich, schau einmal!" Und schon hüpfte er hoch in die Luft.

Schon kamen Oskars Freunde aus allen Richtungen herbei und schauten sich den merkwürdigen Frosch an.
„So hoch zu springen, das ist nicht ungefährlich!", meinte einer der Frösche. „Der Storch kann dich leicht sehen, und dann frisst er dich auf!"

„Und außerdem spielen wir nicht mit dir! Du siehst ganz komisch aus mit deinen langen Beinen!", setzte ein anderer Frosch hinzu.

Schnell hüpften alle Frösche davon.
Auch Oskar schloss sich ihnen an.
Unglücklich saß Max im tiefen Gras und überlegte. Er hatte den anderen Fröschen doch nichts angetan. Und dass er anders aussah als sie - dafür konnte er nichts!

Auf einmal spürte Max eine seltsame Unruhe auf der Wiese. Er fühlte, dass der Boden sich bewegte, hörte Stimmen und sah bunte Gummistiefel durch das Gras stapfen.
„Vorsicht, da kommen Kinder!", hörte er die Stimme des Schmetterlings über sich. „Wo sind Oskar und seine Freunde?", wollte sie von ihm wissen.

Schon hörten sie ein lautes Quaken. Das war Oskar! Max sprang schnell in die Richtung, aus der er den Hilferuf gehört hatte. Da sah er, wie Oskar, der Frosch, im Kescher der Kinder zappelte.

Aufgeregt flog der Schmetterling um die Kinder herum. „Ich muss Oskar helfen", dachte Max verzweifelt.

Da fiel ihm ein, womit ihn die anderen Frösche geärgert hatten: mit seinen langen Beinen. Und wie er ihnen gezeigt hatte, wie hoch er springen konnte. Vielleicht konnte ihm dies nützlich sein? Und schon hatte er eine Idee: er sprang ganz nah an die Kinder heran und hüpfte genau vor ihnen in die Höhe, so hoch er konnte.

Die Kinder erschraken sehr und ließen den Kescher fallen. Oskar befreite sich blitzschnell aus seinem Gefängnis und versteckte sich unter einem Dornengebüsch. Max sprang noch einmal so hoch er konnte, dann versteckte auch er sich unter der Dornenhecke. Die Kinder lachten über den Frosch, der so hoch springen konnte. „Das war wie im Zirkus", meinten sie.
„Das war sicher ein Springfrosch", erkannte eines der Kinder. „Und der Kescher ist leer", wunderte sich ein anderes Kind. Der Schmetterling, der immer noch um die Kinder herum flatterte, lachte leise. Aber das konnten die Kinder natürlich nicht hören!

Oskar saß mit Max derweil zitternd unter dem Dorngebüsch.
„Bist du wirklich ein Springfrosch?", fragte er.
„Ja", antwortete Max. „Meine langen Beine sind ganz nützlich, das
hast du jetzt gesehen!"
„Ja, du hast Recht", schämte sich Oskar. "Und ich danke dir, dass
du mich gerettet hast. Wenn du die Kinder mit deinen Sprüngen
nicht erschreckt hättest, dann würde ich noch immer in diesem
schrecklichen Kescher sitzen!"

„Der Schmetterling hat bemerkt, dass du in Not warst!"
„Dann werde ich mich auch beim Schmetterling bedanken, wenn
er wieder bei uns vorbei flattert!", strahlte Oskar.

„Komm jetzt", sagte Max fröhlich, „Ich habe Hunger! Lass uns etwas zu fressen suchen!" Und überglücklich hüpften die beiden Freunde zum Tümpel.

Von diesem Tag an spielten die Grasfrösche und der Springfrosch friedlich zusammen.

Und manchmal, wenn er besonders übermütig war, hüpfte der Springfrosch ganz besonders hoch. So hoch, dass er die Häuser der Menschen und den Wald sehen konnte.

Dann erzählte er seinem Freund, was er erkennen konnte. Oskar freute sich darüber. Aber er hatte keine Sehnsucht mehr, die Häuser und den Wald kennen zu lernen. Hier auf seine Wiese fühlte er sich sicher. Hier wusste er, vor wem er sich in Acht nehmen musste und wo er das leckerste Essen finden konnte. So lebten sie glücklich und zufrieden bis ans Ende ihrer Tage.

Faltanleitungen

Frosch Oskar aus grünem Faltpapier

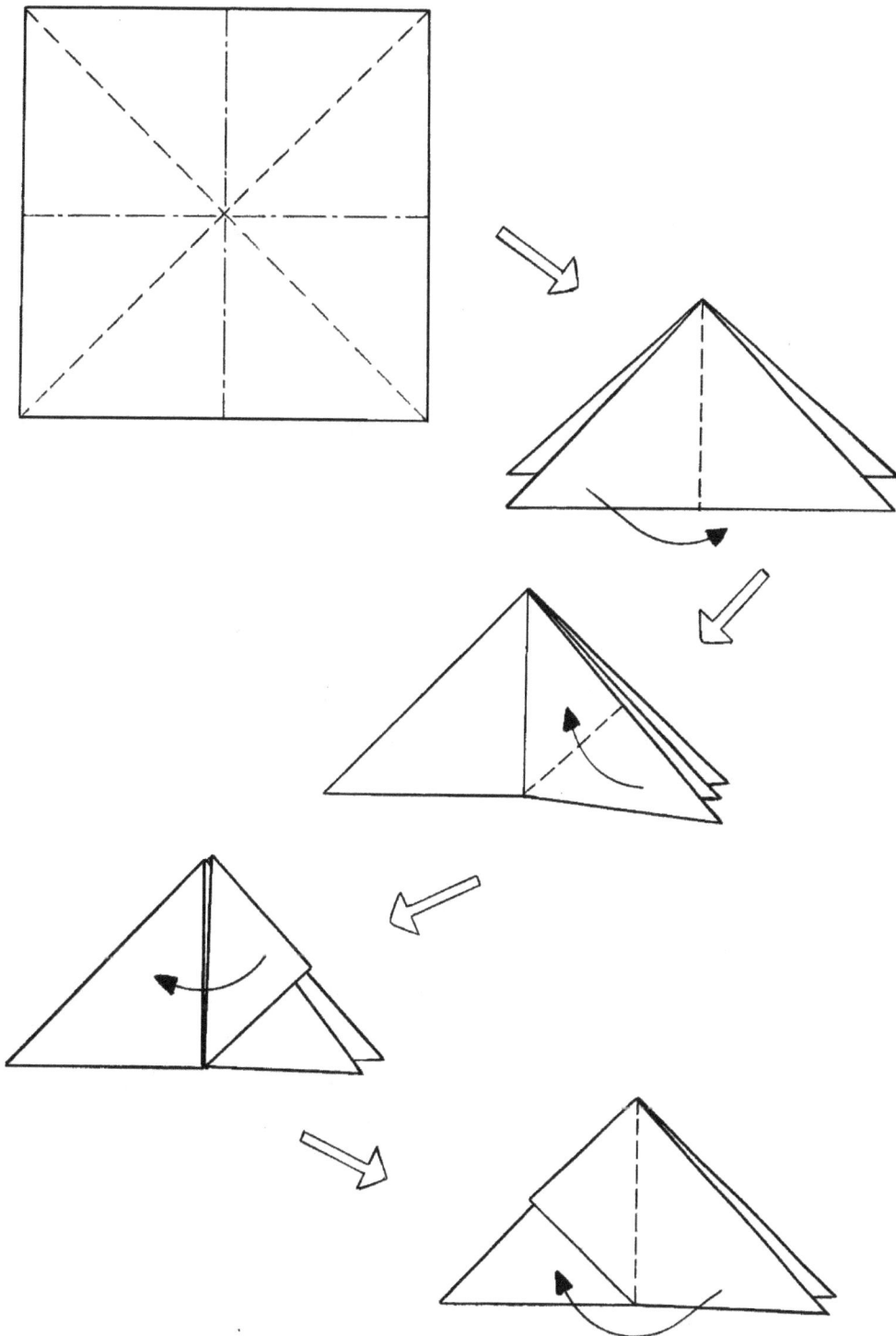

1

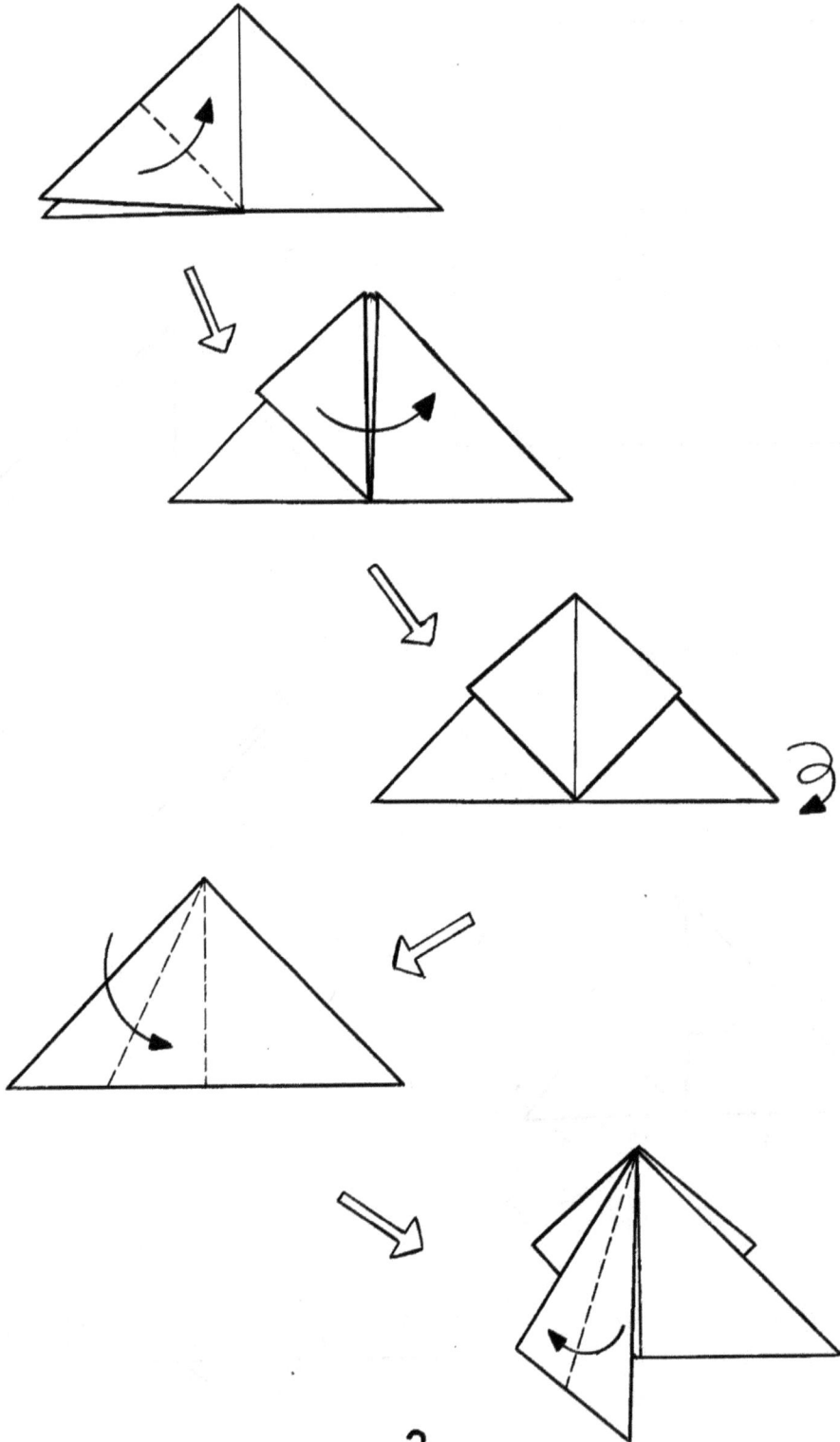

2

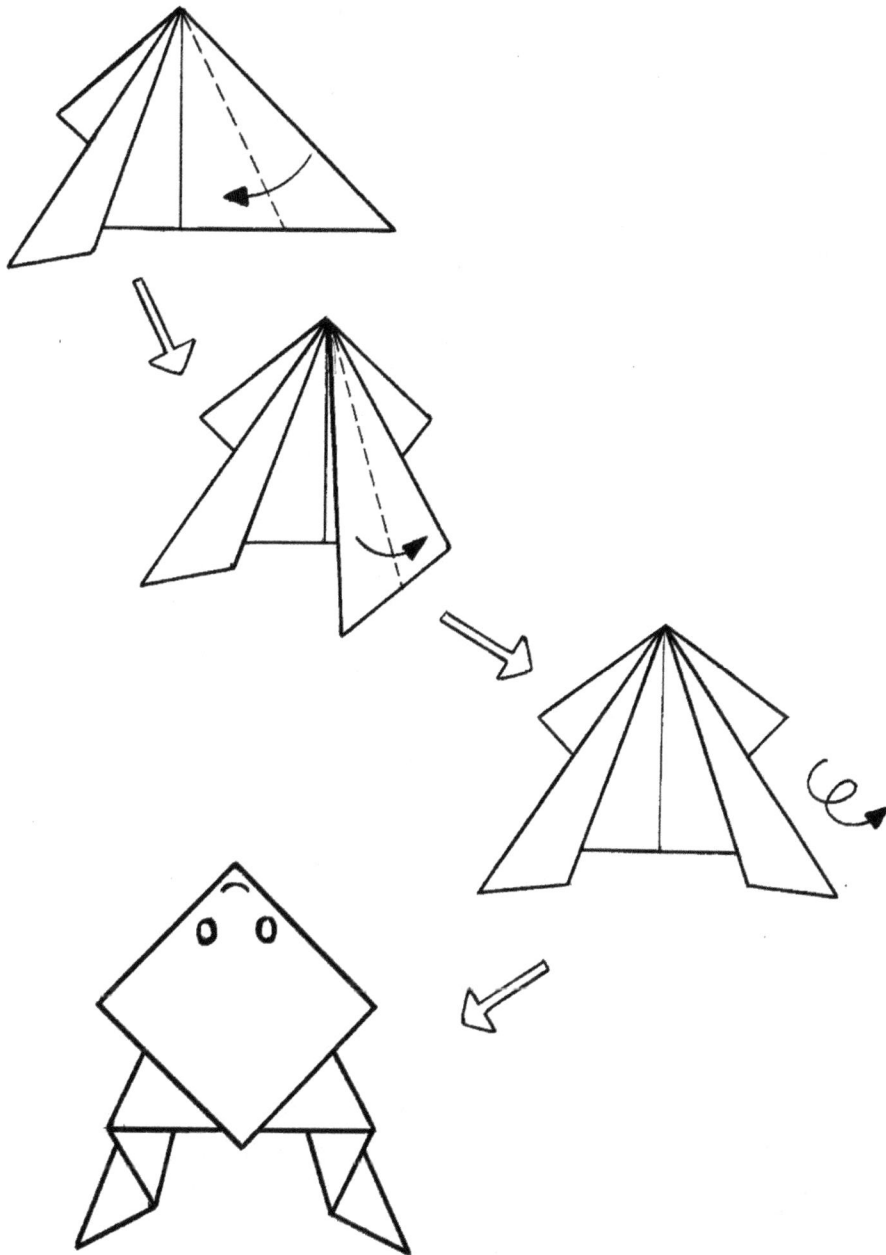

3

Der Schmetterling aus weißem Papier und bemalen
- zwei Flügel falten und aufkleben.

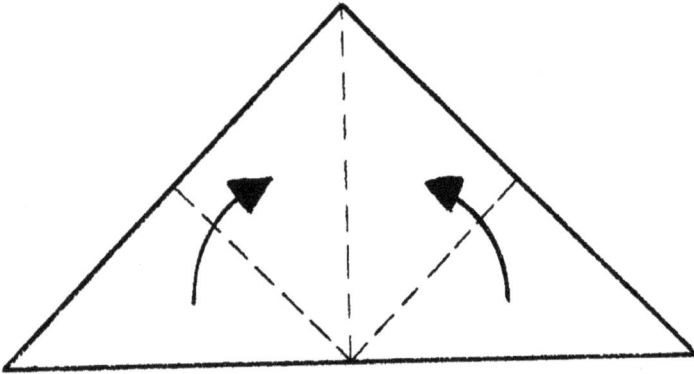

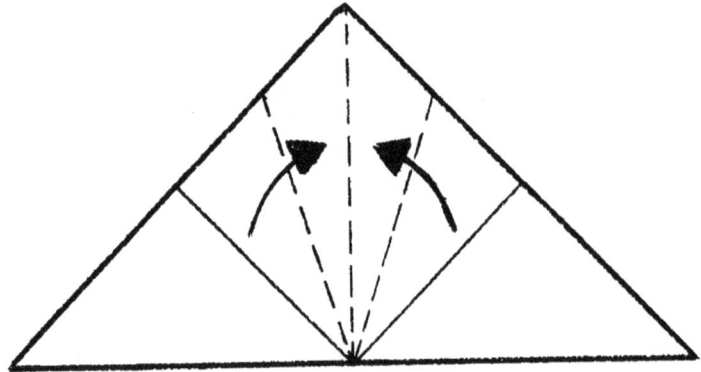

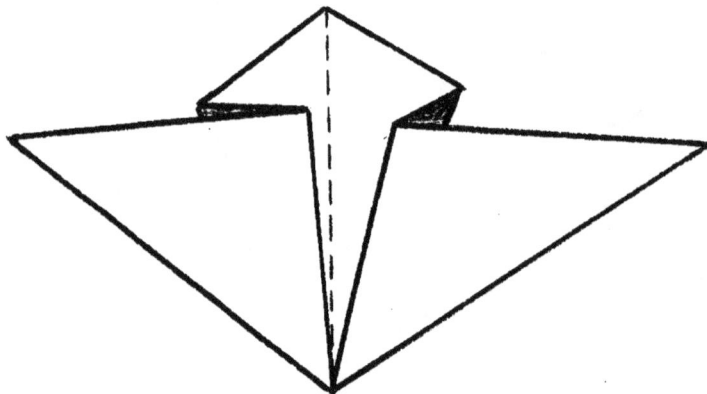

Das Haus aus weißem Papier und bunt bemalen

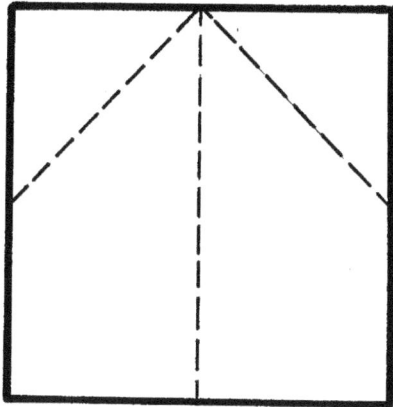

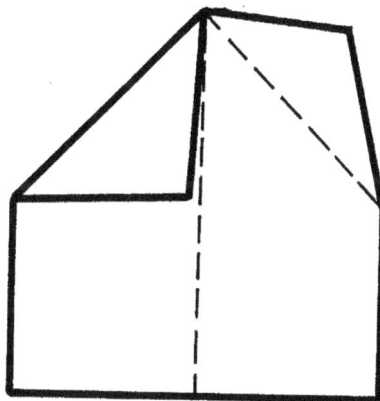

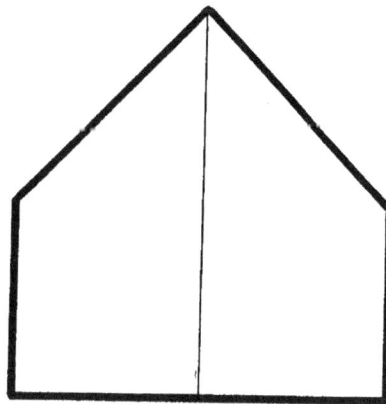

Tannenbäume aus dunkelgrünem Faltpapier

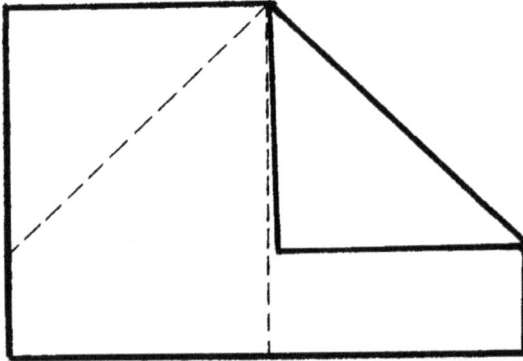

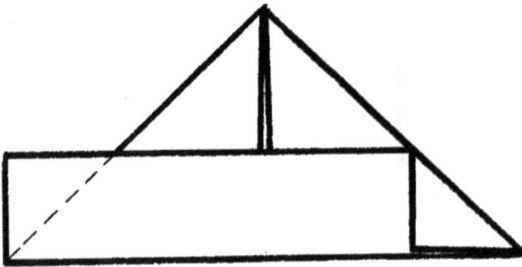

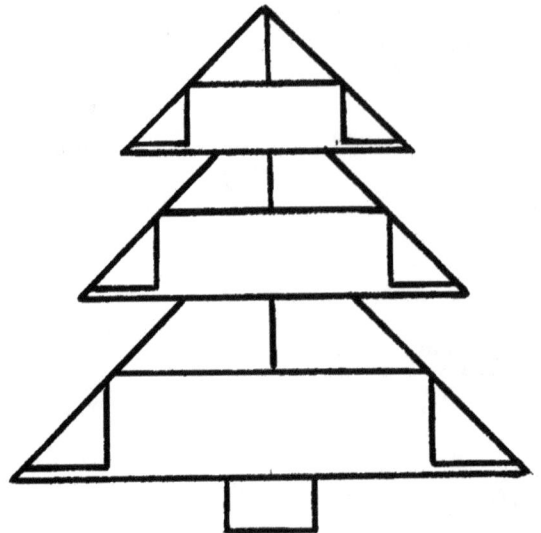

Springfrosch aus braunem Faltpapier

Das Falten beginnt wie bei Oskar.

Der Kopf wird aber seitlich etwas nach innen und die Beine mehr zur Mitte hin gefaltet.

Lieder

Freundschaft hält dich

Text: Sabine Lenz; Musik: Stephen Janetzko; CD "Fußball-Lieder für Kinder"
© Edition SEEBÄR-Musik Stephen Janetzko, www.kinderliederhits.de

Tempo: ca. 148

Freund-schaft hält dich, Freund-schaft trägt dich, wie ei-ne Brü-cke auf dei-nem Weg. Freund-schaft hält dich, Freund-schaft trägt dich, doch es geht nicht oh-ne dich! Du! Du musst dir ver-trau-en. Du! Du musst auf dich bau-en. Du bist der Mo-tor, der es schafft, trau es dir zu, gib dir die Kraft, und glau-be an dich, dass du es schaffst!

Freundschaft hält dich,
Freundschaft trägt dich,
wie eine Brücke auf deinem Weg.
Freundschaft hält dich,
Freundschaft trägt dich,
doch es geht nicht ohne dich!
Du! Du musst dir vertrauen.
Du! Du musst auf dich bauen.
Du bist der Motor, der es schafft,
trau es dir zu, gib dir die Kraft,
und glaube an dich,
dass du es schaffst!

Liedhinweis: Ein Lied aus dem Buch
"Matilda und die Kraft der Sonne"
von Sabine Lenz (mit Liedern von
Stephen Janetzko).

Christa Baumann/Stephen Janetzko

Heut ist ein schöner Tag

Text: Andrea Lederer; Musik: Stephen Janetzko; CD "Früchte Früchte Früchte"
© Edition SEEBÄR-Musik Stephen Janetzko, www.kinderliederhits.de

Tempo: ca. 134

Refrain: Heut ist ein schö-ner Tag.___ Ich leg mich auf die Wie - se. Heut

ist ein schö-ner Tag.___ Ich schau-e und ge - nie - ße. 1. Da

fliegt ein schö-ner Schmet-ter-ling. Er ist so bunt und zart. Und

setzt sich auf die Blu - me hin, weil er so Hun - ger hat.

Refrain: Heut ist ein schöner Tag...

2. Im grünen Gras, da raschelt es.
Ein Käfer grüßt mich nett.
Und jagt mich, so ganz ohne Stress
aus meinem grünen Bett.

Refrain: Heut ist ein schöner Tag...

3. Ich springe an den kleinen Bach
und hüpfe auf den Stein.
Erschrickt ein Frosch, hopst nun hellwach
hui, in das Wasser rein.

Refrain: Heut ist ein schöner Tag...

4. Ich pflücke einen Löwenzahn
und puste ihn ganz leer.
Da fliegen viele Fallschirmchen
noch lang neben mir her.

Refrain: Heut ist ein schöner Tag...

Indianeraugen

Text: Rolf Krenzer; Musik: Stephen Janetzko; CD "Indianer-Lieder für Kinder"
© Edition SEEBÄR-Musik Stephen Janetzko, www.kinderliederhits.de

Refrain: Hast du Indianeraugen, können die das nur verstehn,
die mit den Indianeraugen mehr als all die andern sehn.

2. Eidechsen und kleine Schnecken, sieben Grashüpfer sogar,
lassen sich von dir entdecken. Auch ein Salamanderpaar. **Refrain:** Hast du Indianeraugen ...

3. Kleine Enten, mit Geschnatter schwimmen sie gleich auf dich zu.
Selbst die scheue Ringelnatter schlängelt sich nicht fort im Nu. **Refrain:** Hast du Indianeraugen ...

4. Auch der Zaunkönig, der kleine, der sich sonst so gut versteckt,
kommt zu dir von ganz alleine, und du hast ihn gleich entdeckt. **Refrain:** Hast du Indianeraugen ...

5. Spinnen und ganz selt´ne Käfer, Vogelkinder hoch im Baum,
Eichhörnchen und Siebenschläfer. Andre Leute sehn das kaum! **Refrain:** Hast du Indianeraugen ...

6. Bienen, Hummeln, Schmetterlinge, hier ein Vogel, dort ein Fisch.
Und du siehst die schönsten Dinge, und sie warten all auf dich. **Refrain:** Hast du Indianeraugen ...

7. Du gehst leise, bleibst oft stehen, dass sich ja kein Tier erschreckt.
Immer gibt es was zu sehen, und du hast schon viel entdeckt.

Schlussrefrain: Hätt ich auch Indianeraugen, würd ich heut schon mit dir gehn.
Lehr mich, mit Indianeraugen unsre schöne Welt zu sehn!

Heut gehn wir raus (Das Becherlupen-Lied)

Text: Heidemarie Brosche; Musik: Stephen Janetzko; CD "Stark wie ein Baum"
© Edition SEEBÄR-Musik Stephen Janetzko, www.kinderliederhits.de

Tempo: ca. 120

1. Ach, wie schön, heut gehn wir raus, du, ich freu mich rie - sig drauf!
Halt, die Be - cher - lu - pe auch, weil ich die ganz drin-gend brauch!

Es - sen, Trin - ken, Mal-pa - pier, al - les steckt im Ruck-sack hier.
Klei - ne Tie - re will ich sehn, gut soll's ih - nen bei mir gehn.

Will sie ganz ge-nau be-trach - ten, werd be-hut-sam auf sie ach - ten.

Ach, wie schön, heut gehn wir raus!
La - la la - la la la la.

2. Schau mal, dieser **Regenwurm** gräbt bei Wärme und bei Sturm.
Nur bei Regen kommt er raus, Wasser läuft ja in sein Haus.
Wenn es heiß und trocken ist, wird er von uns sehr vermisst.
Dann hält er den Sommerschlaf in der kühlen Erde brav.
Nein, er ist kein Stubenhocker, macht ja meist die Erde locker.
Schau mal, dieser Regenwurm! La-la la-la la la la.

3. Der **Marienkäfer** dort fliegt rot-schwarz von Ort zu Ort.
Sieht er auch sehr niedlich aus, frisst er doch gern eine Laus.
Mit sechs Krallenbeinen dran, kommt er äußerst flott voran.
Scheint er von Gefahr bedroht, tut er so, als wär er tot.
Bleibt nicht lange scheintot liegen, will ja wieder weiterfliegen.
Der Marienkäfer dort! La-la la-la la la la.

4. Zähl vom **Tausendfüßler** da mal die Beine, dann wird klar:
Sind nur ein paar hundert Stück. Dennoch fehlt ihm nichts zum Glück.
Droht ein Feind, rollt er sich ein oder krabbelt untern Stein.
Manchmal spritzt er auch mit Gift, hofft, dass er den Gegner trifft.
Hält die Fühler immer sauber und beherrscht den Humus-Zauber.
Dieser Tausendfüßler da! La-la la-la la la la.

5. Guck mal, diese **Raupe** hier ist ein ganz verfressnes Tier,
schmatzt und mampft den ganzen Tag, weil sie Blätter ganz arg mag.
Bald schon wird's ein andres Ding, fliegt dann als ein Schmetterling.
Schlüpft aus einer Puppe raus. Dann ist's mit der Raupe aus.
Darf auf keinen Fall vergessen, sich jetzt tüchtig satt zu fressen.
Guck mal, diese Raupe hier! La-la la-la la la la.

6. Diese **Schnecke** mit dem Haus steckt ihr Köpfchen mutig raus.
Plötzlich aber ist es weg. Hat die Schnecke sich erschreckt?
Beine sieht man nicht am Tier, einen Kriechfuß hat's dafür.
Was die Schnecke ganz arg mag: Wenn es feucht ist Nacht und Tag.
Grünzeug sollt's auch immer geben. Vorsicht, bleib am Schleim nicht
kleben!
Diese Schnecke mit dem Haus! La-la la-la la la la.

7. Schau dir diese **Spinne** an, was die alles weben kann!
Ja, ein solches Netzgeflecht ist zum Beutemachen recht.
Männchen lockt mit Silbergarn, Weibchen legt die Eier dann.
Gerne bleibt sie auch allein, denn sie will in Ruhe sein.
Kriegt sie lange nichts zu beißen, wartet sie ganz ruhig auf Speisen.
Schau dir diese Spinne an! La-la la-la la la la.

8. Diese **Kellerassel** hier ist ein echtes Krebsgetier -
Kiemen hat sie wie ein Fisch. Faules gibt's bei ihr zu Tisch.
Dunkel-feucht liebt sie es sehr, trocken mag sie's nimmermehr.
Schau, im kleinen Beutel dort trägt sie ihre Kinder fort,
bis die Kleinen selber laufen und durch ihre Kiemen schnaufen.
Diese Kellerassel hier! La-la la-la la la la.

Natur pur (Warum sind wir so dumm?)

Text: Mathias R. Schmidt; Musik: Stephen Janetzko; CD "Stark wie ein Baum"
© Edition SEEBÄR-Musik Stephen Janetzko; www.kinderliederhits.de

Tempo: ca. 148

1. Lasst doch die Bä-che flie-ßen, die wil-den Blu-men sprie-ßen, ra-siert nicht al-les kahl, pla-niert nicht je-des Tal. Lasst ein Stück von der Na-tur zur Ab-wechs-lung auch ein-mal pur! Refrain: Wa-rum, wa-rum sind wir so dumm?! Wir sä-gen kräf-tig und mit Hast an un-serm eig-nen Le-bens-ast. Wa-rum, wa-rum sind wir so dumm? Da-bei sind wir ein Stein-chen nur im gro-ßen Puzz-le der Na-tur.

2. Lasst doch die Vögel singen und die Forellen springen,
lasst bloß den Wald in Ruh und baut nicht alles zu.
Lasst ein Stück von der Natur zur Abwechslung auch einmal pur!

Refrain: Warum, warum sind wir so ...

3. Drum träumt jetzt neue Träume, pflanzt Blumen, Büsche, Bäume,
und lasst die Tümpel stehn, dann könnt ihr Frösche sehn.
Lasst ein Stück von der Natur zur Abwechslung auch einmal pur!

Refrain: Warum, warum sind wir so ...

Christa Baumann

Christa Baumann ist Erzieherin, verheiratet und hat zwei Söhne.
Sie steht seit vielen Jahren in der Krippen-, Kindergarten- und Sprachheilkindergartenarbeit.
2005 erschien ihr erstes Buch „Kommt mit ins Mittelalter". Dem folgten Bücher zu verschiedenen Themen und unterschiedlichen Schwerpunkten für Erzieherinnen und Eltern.

Stephen Janetzko

Mit einer 20-minütigen MC „Der Seebär" fing alles an, heute sind es weit über 600 Kinderlieder, die der gebürtige Hagener Liedermacher bereits auf über 50 CDs und in zahllosen Liedsammlungen veröffentlicht hat. Viele davon, wie „Hallo und guten Morgen", „Wir wollen uns begrüßen", „Augen Ohren Nase", „Das Lied von der Raupe Nimmersatt", „Hand in Hand" oder „In meiner Bi-Ba-Badewanne", werden heute gesungen in Kindergärten, Schulen und überall, wo Kinder sind.

Bereits erschienen von Christa Baumann:

Stark wie ein Baum - Das große Mitmach-Buch für Frühling und Ostern: Mit über 30 einfachen Liedern, vielen Kreativideen, Rezepten, Geschichten und tollen Frühlings-Aktionen - auch zum Muttertag, Verlag Stephen Janetzko, Erlangen 2015, ISBN-13: 978-3-95722-088-2

Früchte Früchte Früchte - Das große Mitmach-Buch rund um Früchte, Kräuter, Nüsse, Gemüse, Bio-Essen, Rohkost, Natur, Tiere und starke Kinder: Mit 30 einfachen Liedern, Kreativideen, Rezepten, Geschichten und vielem mehr
Verlag Stephen Janetzko, Erlangen 2015, 978-3-95722-052-3

Weiße Flocken überall - Das Lieder- Spiele- Mitmach-Buch für Winter und Schnee: 15 Lieder, Kreativideen, ein Geburtstags- Jahreskalender, Spiele im Schnee, Rezepte und Experimente für die Zeit der Schneemänner und Schneeflocken
Verlag Stephen Janetzko, Erlangen 2014, 978-3-95722-075-2

Weihnachtsfeier und Krippenspiel - Das Lieder- Spiele- Mitmach- Buch für die Zeit kurz vor Heiligabend: 15 Lieder, weihnachtlich Kreatives, Spielideen, Experimente und Rezepte rund um die Weihnachtsgeschichte und die Heilige Nacht.
Verlag Stephen Janetzko, Erlangen 2014
978-3-95722-074-5

Der Advent ist da - Das Lieder- Spiele- Mitmach- Buch für die Kerzenzeit: 15 Lieder, Kreatives, Ideen, Experimente, Rezepte und tolle Mitmach-Aktionen rund um Kerzen, Engel, Sterne und Adventskalender
Verlag Stephen Janetzko, Erlangen 2014
ISBN 978-3-95722-073-8

Nikolaus - Das Lieder- Spiele- Mitmach- Buch für den 6. Dezember: 15 Lieder rund um den Nikolaustag, Kreatives, Ideen für die Nikolausfeier, Rezepte, Nikolauslegenden und tolle Mitmach-Aktionen
Verlag Stephen Janetzko, Erlangen 2014
ISBN 978-3-95722-072-1

Und wieder brennt die Kerze - Das große Mitmach-Buch für Advent und Weihnachten:
Mit 25 einfachen Liedern, Kreativideen, Rezepten, Geschichten und tollen Winter-Aktionen
Verlag Stephen Janetzko, Erlangen 2014
ISBN 978-3-95722-068-4

Ein bisschen so wie Martin - Das große Kindergarten-Buch für Herbst und Sankt Martin:
Mit 25 bekannten und neuen Liedern fürs Laternenfest, vielen Geschichten von Elke

Bräunling und tollen Herbst-Aktionen
Verlag Stephen Janetzko, Erlangen 2014, ISBN 978-3-95722-064-6

Indianer - Das große Lieder-Geschichten-Spiele-Bastelbuch.
Singen, reiten, kochen, erzählen, tanzen, feiern, trommeln und kreativ sein mit vielen tollen und einfachen Indianer-Aktionen für Kinder
Mit vielen Liedern von Stephen Janetzko und Geschichten von Rolf Krenzer
Verlag Stephen Janetzko, Erlangen 2014, ISBN 978-3-95722-060-8

Mit Ritualen durch den Tag, Ideen und Spiele für die Praxis mit Kindern von O bis 3 Jahren, Hase und Igel Verlag, Garching 2014
ISBN 978-3-8676-0898-5

Winterzeit im Kindergarten
Mellinger Verlag, Edition Dreieck, Stuttgart 2013
ISBN 978-3-8806-9766-9

Mein Jahr in Gottes schöner Welt: Bastelideen, Lieder, Spiele und Geschichten für jede Jahreszeit, Neukirchener Verlagshaus, Neukirchen-Vluyn 2013
ISBN 978-3-7615-6007-5

Blitzschnelle Ideen für den Stuhlkreis: Über 140 Fingerspiele, Lieder, Bewegungsimpulse, Klanggeschichten, Rätsel und Fantasiereisen als Pausenfüller, Morgenritual und Abschluss Ökotopia Verlag, Münster 2013
ISBN 978-3-86702-209-5
   (zweite Auflage ebenfalls 2013, dritte Auflage 2014)

Engeladvent im Kindergarten - Die schönsten Ideen zum Spielen, Basteln und Musik machen, Don Bosco Medien, München 2010
ISBN 978-3-7698-1841-3
   (erschienen auch in portugiesischer Sprache)

Kommt mit nach draußen! Vielfalt im Außenspiel
Dreieck Verlag, Wiltingen 2010
ISBN 978-3-929394-55-9

Spuren des Glaubens legen: Rituale im Familienalltag
Neukirchener Verlagshaus, Neukirchen-Vluyn 2010
ISBN: 978-3-7615-5757-0

Jesus, Bartimäus, Zachäus & Co: 12 Gestaltungsentwürfe zu biblischen Geschichten
Neukirchener Verlagshaus, Neukirchen-Vluyn 2009
ISBN 978-3-7975-0212-41

... mehr Info, mehr CDs, mehr Lieder & Noten:
www.kinderliederhits.de

Unser Tipp....

- Christina Klenz:
Gute Nacht, flüstert die Elfe: Eine zauberhafte
Einschlafgeschichte mit Fantasiereise -
ISBN 978-3-95722-077-6

(auch auf CD erhältlich)

Raum für den Künstler -
hier kannst du dich selbst malen oder ein Bild von dir einkleben:

9 783957 220899